LE

CHATEAU DE CAUMONT

ET LES

PERSONNAGES QUI Y ONT VÉCU

PAR LE

MARQUIS DE CASTELBAJAC

AUCH
IMPRIMERIE LÉONCE COCHARAUX
18, RUE DE LORRAINE, 18

—

1912

LE CHATEAU DE CAUMONT

ET LES PERSONNAGES QUI Y ONT VÉCU

Extrait du *Bulletin* de la Société Archéologique du Gers

3ᵉ & 4ᵉ Trimestres 1911

LE

CHATEAU DE CAUMONT

ET LES

PERSONNAGES QUI Y ONT VÉCU

PAR LE

MARQUIS DE CASTELBAJAC

AUCH
IMPRIMERIE LÉONCE COCHARAUX
18, RUE DE LORRAINE, 18

1912

LE
CHÂTEAU DE CAUMONT

[GERS]

I.

SON ORIGINE, SA CONSTRUCTION, SA DESCRIPTION.

L'EXISTENCE, dès le XIIIe siècle, d'une antique et considérable seigneurie de Caumont n'est pas chose douteuse; il est également certain que le château féodal, siège de cette seigneurie, occupait, à peu près, l'emplacement qu'occupe aujourd'hui le château de Caumont, construit de 1525 à 1535 par Pierre de Nogaret de La Valette et Marguerite de Lisle, sa femme, qui furent le grand-père et la grand'mère du célèbre duc d'Épernon. Je reviendrai sur les premiers seigneurs de Caumont dans la seconde partie de cette notice.

J'ai cru longtemps que le château de Caumont avait été construit sur les fondations d'une ancienne forteresse féodale; je me suis rendu compte qu'il a été conçu et édifié d'un seul jet, sur des fondations entièrement nouvelles, dans un style et un modèle bien déterminés. On peut voir sur le plan ci-annexé ses dimensions et sa description. Cet édifice dut être regardé comme une demeure de luxe à cette époque de la Renaissance; ainsi le maréchal de Montluc écrivait : « Je fus coucher hier chez M. de

« La Valette, dans son logis sur la Save »; le vieux guerrier ne lui trouvait sans doute pas un aspect assez militaire, et en parlait sur un ton légèrement méprisant; il était, d'ailleurs, plutôt rabroueur que complimenteur.

Si Caumont n'a pas été élevé sur les substructions d'une ancienne forteresse médiévale, dont il ne reste aucune trace, il l'a été, en tout cas, sur l'extrémité d'un camp romain.

Cette opinion est celle de M. Adrien Lavergne, un des hommes les plus compétents en pareille matière; il a visité Caumont en 1881, avec la Société Française d'Archéologie, et a écrit, dans un compte rendu succinct de cette visite, que Caumont a été, en effet, bâti sur un camp romain *(calvus mons* serait l'étymologie de son nom), que l'on a découvert à plusieurs reprises, en creusant diverses fondations, non loin de là, sur le plateau, des médailles du Bas-Empire, une lampe romaine bien conservée, etc. C'est à Cazaux-Savès, commune dans laquelle se trouve le château, que l'une des voies romaines d'Auch à Toulouse traversait la rivière de la Save et continuait par Blanquefort, commune d'Auradé, dont la butte très élevée se voit de tout le pays.

L'ensemble de Caumont se compose de deux parties : le *château*, qui occupe une superficie de dix ares et soixante-sept centiares, et l'*esplanade*, qui occupe une superficie de soixante et onze ares et quatre-vingts centiares; en tout, quatre-vingt-deux ares et quarante-sept centiares.

Le château, dont la vue s'étend sur la partie centrale de la chaîne des Pyrénées, est posé sur un éperon saillant terminé par des pentes abruptes descendant jusqu'à la vallée de la Save. Il est séparé de l'esplanade par un fossé de treize mètres de largeur et de quatre mètres et demi de profondeur, sur lequel est jeté un pont à trois arches. Construit à mi-côte, il est assis sur deux rangs de souterrains voûtés; de telle sorte que le rez-de-chaussée, dans la cour, est le premier étage à l'extérieur. Il est flanqué de quatre fortes tours, non tout à fait carrées, mais faites en losanges, de manière que les ouvertures et les meurtrières situées dans les étages inférieurs commandent les façades ; de deux tours octogonales qui gardent l'entrée du couchant ; enfin de quatre poivrières, appliquées dans les angles des deux ailes nord et est.

L'appareil de maçonnerie est un mélange de pierres et de briques à bandes alternées, de 0^m 60 de largeur.

C'était sans doute un genre nouveau, déjà connu en Normandie et qui commençait à se répandre ; il faut tenir compte de ce que dans notre Gascogne, fort éloignée de Paris, les modes mettaient parfois longtemps à pénétrer.

Il pourrait bien en être de même pour les grandes toitures à pentes inclinées et couvertes en ardoises, semblables pourtant à celles de quelques châteaux de la contrée et qui datent à peu près de la même époque, tels que le château de Saint-Élix [1], le château de Brax [2] et aussi le château de La Réole, près de Cadours (Haute-Garonne) [3].

Les fenêtres de Caumont sont, au rez-de-chaussée, à doubles meneaux croisés, et à simple traverse au premier étage. La porte d'entrée de la cour intérieure, basse, ornée de moulures et de sculptures en pierre, donne directement sur un escalier d'honneur à la mode florentine, avec travées voûtées et alternées ; les

---

[1] Saint-Élix, arrondissement de Muret (Haute-Garonne), construit, en 1540, par Pierre Potier, sous la direction de Laurent Clary, architecte toulousain. Ce château devint la propriété du maréchal de Bellegarde, puis du marquis de Montespan, ensuite de Jacques Jacobi, ancien capitoul. Voir des détails intéressants sur cet édifice dans une notice des plus instructives écrite par M. P. Pasquier, le distingué archiviste du département de la Haute-Garonne. Saint-Élix est aujourd'hui la propriété de M. de Suarez d'Alméida.

[2] Brax, canton de Léguevin (Haute-Garonne), a appartenu aux Polastron ; une Paule de Pins, mariée à un La Hillère, l'a possédé. Il appartient aujourd'hui au comte Charles de Pins.

[3] Voir le remarquable article que M. J. de Lahondès, l'éminent archéologue toulousain, a consacré à ce dernier château dans l'*Express du Midi*, du 18 juin 1911.

marches sont en pierre; à chaque palier, les voûtes en pierre et brique sont différentes les unes des autres et d'une riche ornementation.

Dans la cour, sur la partie nord, règne, au premier étage, une galerie extérieure, en pierre et brique, soutenue par des arceaux surbaissés posés sur des consoles en pierre, qui sortent hardiment de la muraille et sont d'un beau profil.

Cette galerie rappelle celle de l'hôtel d'Assezat, à Toulouse, mais elle est moins ornée.

En dehors de l'escalier d'honneur, il y en a deux autres en pierre également, et à vis, dans les tours octogonales.

La quatrième aile du château, celle du couchant, sous laquelle était le pont-levis, a existé jusqu'en 1665; il n'en reste aujourd'hui que les deux tours d'entrée.

Le château a été, en 1658, la proie d'un incendie; les charpentes, les planchers et l'aile du midi tout entière ont été détruits. Cette aile fut rebâtie en 1659 et 1660, par les soins du second duc d'Épernon, mais dans un style assez différent de celui du reste de l'édifice; la restauration complète fut ordonnée, mais interrompue par la mort du duc, en 1661. On verra plus loin quel fut son héritier et quels furent les travaux qu'il fit continuer.

En entrant au rez-de-chaussée, on trouve sur la droite une grande salle de treize mètres de longueur sur plus de huit mètres de largeur, éclairée par deux fenêtres au levant et deux fenêtres sur la cour, dans laquelle se voit une grande cheminée de marbre rouge dans le style Louis XIII, de deux mètres de hauteur sur deux mètres et demi de largeur; la plaque de fonte considérable et d'un beau dessin porte la date de 1665; la cheminée est de la même époque, celle de la restauration après l'incendie.

Dans cette salle, plusieurs tableaux intéressants :

1° Celui du roi Henri IV, peint à l'huile dans la manière de

L'ENTRÉE DE LA PREMIÈRE COUR.

Clouet, et le représentant vieux, grisonnant, l'air bien gascon. La tradition dans la maison, tradition remontant par les Montgaillard aux Lavalette, est que ce portrait a été donné par le roi lui-même au duc d'Épernon peu de temps avant sa mort; il a toujours été à Caumont;

2° La mauvaise copie d'un portrait original du duc d'Épernon, le représentant âgé, et que le général marquis de Castelbajac a offert, en 1856, au musée d'Auch;

3° Un grand portrait en pied de Henri de Nogaret de La Valette, fils aîné du duc d'Épernon, et qui a porté les titres de duc de Candale et de duc de La Valette; ce portrait, peint à l'huile et dans son vieux cadre, est de l'époque; il représente ce seigneur en armure, sous une tente de guerre, portant à la main un bâton de commandement, et on peut voir sur l'écharpe de son épée les mots : *Mis aciendas*, en français, « mes apanages ».

Henri avait été victime du pacte de mariage de ses parents, d'après lequel le fils aîné à naître porterait les titres de la maison de sa mère, la maison de Foix-Candale, et le second le titre de duc d'Épernon. Étant donné le caractère altier du duc, on peut penser qu'il trouva la pilule amère, mais les avantages de cette brillante union la lui firent avaler. Arrivé à l'âge d'homme, Henri fut blessé de ces dispositions, et, quittant la maison paternelle, il alla guerroyer dans les Flandres, à Florence, puis à Venise où il eut le commandement des forces de la République contre les Turcs; de là, son roman de déshérité et sa devise : *Mis aciendas;*

4° Un grand portrait de Bernard, second duc d'Épernon; c'est la copie d'un original du personnage trouvé dans un manoir qui lui avait appartenu, Beaupuy, en Lot-et-Garonne; il y est représenté en armure de parade, avec le bâton de commandement, sous une tente rouge, dans un costume noir, très riche en broderies et en dentelles de Venise;

5° Un portrait de Louis-Gaston de La Valette, fils du deuxième duc, jolie peinture du temps dans son vieux cadre. Ce seigneur, jeune, beau, brillant, mourut à Lyon d'une fièvre maligne, sans laisser de postérité;

6° Un portrait de la sœur du précédent, Christine de La Valette, qui la représente dans l'éclat de sa beauté et de sa jeunesse, en habits de cour; le portrait et le cadre sont anciens. Les mémoires du temps[1] parlent abondamment de Christine, de sa situation à la cour; elle était fille du deuxième duc d'Épernon et de Gabrielle légitimée de France, fille elle-même du roi Henri IV et de la marquise de Verneuil[2]. Elle avait été élevée, pour ainsi dire, sur les genoux de la reine; elle aimait d'un amour honnête le comte de Fiesque, qui fut tué au combat de la Mardick, en août 1648; elle se jeta dans une extrême dévotion et finit, peu de temps après, par entrer au Carmel. Une peinture ancienne la représente aussi en carmélite. Les vœux éternels de Christine et la mort prématurée de Louis-Gaston expliquent le très singulier testament du deuxième duc d'Épernon, que nous reproduirons comme pièce curieuse à la fin de cette notice.

Il y a dans la grande salle d'autres tableaux anciens représentant des La Rochefoucauld[3], des Russel, cousins des Mac-Mahon, etc., mais qui n'ont pas un intérêt particulier pour l'étude qui nous occupe.

En face de la cheminée dont nous venons de parler se trouve un beau meuble ancien de deux mètres de hauteur sur un mètre soixante-dix centimètres de largeur; les panneaux comportent six scènes de l'Évangile et un grand couronnement de douze personnages représente l'ascension du Christ. C'est un beau

---

[1] *Mémoires de Mme de Motteville*, t. I, p. 369; éditions de 1701. — *Mémoires de Mlle de Montpensier*, t. I, p. 167.

[2] Henriette de Balzac d'Entraigues, fille du seigneur de ce nom et de Marie Touchet, ancienne maîtresse de Charles IX.

[3] La mère du marquis de Castelbajac est une La Rochefoucauld.

spécimen de la sculpture sur bois de la fin de Louis XIII; les montants sont encore inspirés de la Renaissance avec leurs anges qui ressemblent à des amours.

A la suite de cette salle, on entre dans le salon vert long de huit mètres sur sept mètres et demi. Le plafond à caissons a été peint par des Italiens, en 1840, dans un genre composite à la fois Renaissance et Pompéien; il est, en somme, d'un effet agréable et éclaire bien la pièce.

On voit dans ce salon quelques portraits, entre autres ceux de :

Marie du Cambout, seconde femme du second duc d'Épernon, représentée en riche toilette avec une parure de perles d'une grosseur incroyable; peinture et cadre anciens;

Henriette de Preissac d'Esclignac, marquise de Montgaillard La Valette, une main appuyée sur l'épaule d'une très jeune fille, l'autre tient gracieusement la fleur traditionnelle; elle est fraîche, élégante, habillée d'une sorte de polonaise très gracieuse en bleu marine, ornée de brandebourgs d'or, le tout d'un joli ton et certainement l'œuvre de bon peintre; peinture et cadre anciens;

Gabrielle de La Valette, la dernière descendante des Nogaret de La Valette, femme de Gaspard de Fieubet, président des Capitouls, à Toulouse; il sera parlé d'elle dans le cours de cette notice;

Le général marquis de Castelbajac, en colonel des dragons de la garde, bon tableau par Hersent, datant de 1825; le duc de Liancourt, devenu le duc de La Rochefoucauld (connu sous le nom de Philanthrope) arrière-grand-père du marquis de Castelbajac, peint en 1824; Mlle de Maury, dame de Cazalès, arrière-grand'mère du marquis de Castelbajac; le cardinal de La Rochefoucauld, archevêque de Bourges.

On remarque dans ce salon quelques objets intéressants, tels que bronzes, porcelaines de France et de Chine de bonnes époques et un mobilier ancien en très grande partie.

A la suite, dans la **tour du midi**, se trouve la bibliothèque contenant un assez grand nombre d'ouvrages anciens et nouveaux; malheureusement, les premiers furent emportés au district de L'Isle-Jourdain pendant la Révolution et entassés pêle-mêle avec ceux de différents châteaux voisins; la tourmente passée, on les rendit à leurs divers propriétaires, mais dans un désordre tel que beaucoup d'ouvrages furent dépareillés.

Dans cette pièce, parmi les archives de La Valette-Montgaillard, est déposé l'acte du second mariage du premier duc d'Épernon avec Anne de Mosnier, mariage secret, écrit en deux expéditions, l'une en latin, l'autre en français; ce second mariage qui a donné lieu à tant de discussions entre les érudits du Midi.

Du salon vert, en tournant à droite, on pénètre dans une galerie à cinq grands arceaux sur la cour intérieure et à cinq fenêtres sur le midi; elle est longue de dix-neuf mètres sur cinq mètres et demi et aboutit au pied de la tour octogonale du midi; cette pièce est pavée en mosaïques faites par des Italiens vers la moitié du siècle dernier; elle sert de salle de fêtes à l'occasion.

Dans l'aile du nord se trouve la salle à manger, à grands lambris de chêne, aux portes épaisses d'un seul battant, à la décoration du plafond avec poutres et poutrelles apparentes; le tout est inspiré du château d'Ancy-le-Franc, en Bourgogne; les murs sont tendus en vieille brocatelle; sur une des faces est un poêle de Saxe, copié sur un des poêles du maréchal de Saxe, à Chambord.

Au premier étage, à droite, sont les appartements du maître et de la maîtresse de la maison, dans lesquels on remarque de nombreux meubles anciens.

Dans le corridor, au levant, l'oratoire contient un vitrail de Maréchal, de Metz, une descente de croix, copie du tableau d'Annibal Carrache, qui est au Louvre; une vierge de l'école espagnole, donnée par la supérieure d'un couvent à mon père

L'ENSEMBLE PRIS DE L'ESPLANADE.

pendant la campagne d'Espagne, parce qu'il avait garanti le monastère d'un peu trop de familiarité de la part de ses hussards envers les nonnes effrayées, mais touchées de leur galanterie. A la suite se trouvent divers appartements à donner.

Deux étages de souterrains à puissantes voûtes règnent sous tout le château et contiennent de très grandes pièces, entre autres la cuisine remarquable par ses proportions.

Passons maintenant à l'esplanade, qui se compose d'un vaste terre-plein rectangulaire, de cent mètres de long sur soixante-deux de large. Elle est entourée de trois côtés par les remparts bâtis, comme le château de 1535, en pierre et brique à bandes alternées, de quatre mètres et demi de hauteur, et, du quatrième côté, celui de l'arrivée, au couchant, par des bâtiments considérables dont deux grands pavillons reliés entre eux par une longue construction voûtée, de cinquante-neuf mètres de longueur, coupée, au milieu, par une porte d'entrée également voûtée, donnant sur la première cour, celle des écuries.

Un mur crénelé reliait cette ligne de bâtiments à une forte tour octogonale située à l'angle sud-ouest de l'esplanade. Le mur crénelé a été détruit et la tour a été abattue vers 1850. Ce qui reste de cette tour indique qu'elle devait être de la même époque que les pavillons et les écuries.

Les deux grands pavillons sont bâtis en brique et étaient recouverts par de grands toits d'ardoises jusqu'en 1835, époque où M. de Mac-Mahon[1] a jugé à propos, au lieu de les entretenir, de les jeter bas pour les remplacer par des toitures plates en tuiles dissimulées par des créneaux.

La longue construction voûtée qui relie les grands pavillons est une écurie pouvant bien contenir au moins soixante chevaux.

[1] Mari de Mlle de La Valette-Montgaillard.

J'en ai vu d'exactement semblables au Rieutort, sur les bords du Gers, qui avaient été construites par les ordres du duc de Roquelaure, et, aussi, à Bidache, dans les Basses-Pyrénées, la demeure des ducs de Gramont; elles paraissaient de la même époque que celles de Caumont.

Le pavillon du nord semble un peu antérieur, surtout dans ses parties basses, au château des La Valette; mais je ne crois pas qu'il soit le reste d'un château féodal; ses murs bien épais et ses souterrains voûtés en berceau donnent, au premier abord, le sentiment qu'ils ont été bâtis pour défier le temps et les hommes, mais il n'y a ni meurtrières, ni aucun signe de défense; les fenêtres des étages inférieurs sont petites et sévèrement grillées, mais placées très bas. Les escaliers anciens n'existent plus; l'ensemble du bâtiment a été entièrement remanié en 1820, et on y a construit de nombreux étages pour servir de greniers desservis par de vulgaires escaliers de bois. On trouve au second étage les traces de deux fenêtres à meneaux qui ont dû éclairer des appartements destinés aux officiers et écuyers chargés de la direction des écuries.

En résumé, si ce pavillon du nord a fait partie d'un château antérieur à celui de 1525, ce château ne devait plus avoir aucunes prétentions militaires. Comment expliquer, s'il en était autrement, qu'il n'en ait jamais été question dans l'histoire, ni dans les mémoires du temps, ni dans la tradition locale; et, pourtant, par sa situation sur la Save, entre l'Isle-Jourdain et Samatan, il ne pouvait passer inaperçu; ce bâtiment devait alors servir de demeure aux régisseurs des seigneurs de Caumont, peu connus depuis que Guy de Comminges avait laissé, par héritage, cette seigneurie au comte de Foix, en 1357.

On verra, dans la seconde partie de cette notice, quels ont été les premiers seigneurs de Caumont et comment, par des héritages successifs, cette seigneurie arriva à Guy de

Comminges qui, lui, la laissa au comte de Foix, en 1357.

Après cela, plus de traces de ces seigneurs de Caumont jusqu'au moment où on retrouve, en 1520, la seigneurie de Caumont entre les mains de Antoine du Gua, baron de Pontéjac, Laurac et seigneur de Caumont et de Cazaux.

La photographie de l'ensemble du château de Caumont est difficile à prendre; on n'obtient cet ensemble que de l'esplanade, et alors on ne voit que la moitié de la hauteur de l'édifice; une seconde vue prise au nord, à l'extérieur, ne représente qu'un angle du château, mais donne l'impression de sa hauteur.

Un plan est annexé à cette notice, et on peut se rendre compte de l'importance de cette demeure, bâtie de 1525 à 1535, dans l'esprit nouveau de la Renaissance, mais encore avec des traditions de défense qui ont longtemps persisté durant cette période de transition.

Il est vraiment regrettable que, malgré mes recherches, je n'aie jamais pu découvrir l'architecte qui a bâti Caumont.

II.

LES DIVERS PERSONNAGES QUI ONT VÉCU AU CHATEAU DE CAUMONT.

L'ANCIENNE seigneurie de Caumont était comprise dans ce qu'on appelait le « Toulousain ».

En 1112, Étienne de Caumont assiste à une donation faite à Saint-Sever par le duc Guillaume[1].

A la fin du XIIIe siècle, Bertrand de Caumont épouse Indie de Lisle, fille de Jourdain IV, baron de l'Isle-Jourdain, et de Faydide de Cazaubon[2].

En 1304, lorsque la principale noblesse du « Toulousain » est convoquée pour la guerre des Flandres, le seigneur de Caumont est taxé à 20 hommes d'armes et 200 serjans[3] *(sic)*.

Guillaume III de Caumont, mari de Géraude de Mauléon, et sénéchal de Toulouse en 1334, a pour fille et héritière autre *Indie*, qui épouse, en premières noces, l'an 1316, Gaston d'Armagnac, vicomte de Fezensaguet, fils de Géraut V, comte d'Armagnac, et de Mathe de Béarn. Elle reçoit pour don 44.000 livres de rente assises sur la ville de *Samatan et autres*

---

[1] Manuscrit de Bayonne.
[2] Père ANSELME, IV, p. 469.
[3] *Histoire du Languedoc*, t. IV, LXIII, p. 133. (Preuves de l'histoire.)
« Le comte de Foix, le comte de Comminges, le comte d'Armagnac, chacun
« 80 hommes d'armes comtés en ce et nombrés ceux qu'ils doivent faire demoinne et
« chacun 1.000 serjans ; le comte d'Esterac, 40 hommes d'armes à cette même ordon-
« nance et 500 serjans ; le seigneur de Montlezun, 30 hommes d'armes et 300 serjans ;
« M. de Molié de Montaut, seigneur de Couvretaines, 20 hommes d'armes et 200 serjans ;
« M. Jourdain de Lisle, 40 hommes d'armes et 200 serjans ; Roger de Comminges,
« 20 hommes d'armes et 300 serjans ; le seigneur de Noailles, 20 hommes d'armes et
« 200 serjans ; le *seigneur de Caumont*, 20 hommes d'armes et 200 serjans, » etc.

CHATEAU DE CAUMONT. — VUE PRISE DE L'ESPLANADE.

Photo. Gaumert, Toulouse.

lieux voisins; Indie épousa en secondes noces, le 13 juillet 1323, Guy de Comminges, chevalier, seigneur de Figeac et de Rivierre, co-seigneur de Lombez [1].

Indie, femme de Guy de Comminges, instituée héritière de son père Guillaume III, seigneur de Caumont, fait son testament, le 15 avril 1357, et donne à son mari *le château de Caumont* et autres biens de la succession de son père [2].

En 1347, pour moyenner la paix entre les rois de France et d'Angleterre, on nomma des juges pour la faire observer; le seigneur de Caumont était l'un d'eux [3].

Guy de Comminges n'ayant pas eu d'enfants de sa femme Indie de Caumont, mais ayant été nommé son héritier universel, laissa, en 1357, le château de *Caumont* et autres terres qui en dépendaient à Gaston, comte de Foix [4].

Il est à croire que le comte de Foix, qui était Gaston Phébus, se contenta, à partir de cette époque, de jouir des revenus de la seigneurie de Caumont; car certainement il ne l'habitait pas et il dut enlever au château primitif tout caractère militaire. Peut-être même le fit-il démolir? C'est ce qui pourrait expliquer le silence sur ce château pendant les guerres et les troubles qui ont agité sans cesse cette contrée située sur les confins de

---

[1] Père Anselme, IV, p. 469; *Généalogie de Caumont.*

[2] « Indie élit sépulture en l'église des Minimes, de Rabastens; donne à la vicomtesse « de Lautrec, dame d'Ombres, 200 livres à prendre sur sa dot après la mort de son mari, « à Mathe de Comminges, ses quatre écuelles d'argent, à Jehane, comtesse de Commin- « ges, son collier avec de grosses perles, outre sa marguerite en pierres précieuses dites « émeraudes, à sa fille Mathe, femme de Raymond-Roger, vicomtesse de Conserans, les « terres que elle et son mari avaient échangées *pour le château de Caumont,* confirme la « transaction qu'elle avait faite avec son mari, touchant la succession de son père, « institue son héritier universel en tous ses autres biens Guy de Comminges, son mari, « et, comme exécuteur testamentaire, Jehan de Castelnau, seigneur de Montesquiou, « son cousin germain.
« Fait au lieu de Geressenx, en la maison de son mari. »
(Père Anselme, II, p. 638, *Généalogie de Comminges.*)

[3] *Histoire du Languedoc,* livre XXXI, p. 266.

[4] Père Anselme, II, p. 633, article *Comminges.*

l'Armagnac et du Comminges. En tous cas, il n'en reste aucune trace.

En 1425, des lettres du comte Jean IV d'Armagnac ordonnent aux receveurs du comte de Fezensaguet de respecter la donation faite par le comte Bernard d'Armagnac à *Bertrand Du Gua* et de rendre à ce dernier les biens qui la composaient et avaient été séquestrés pour être réunis aux domaines du comte [1].

Les biens dont il est question dans ces lettres n'étaient-ils pas la seigneurie de Caumont et les terres qui en dépendaient ?

Il est permis de le supposer, puisque, moins de cent ans après, *Antoine du Gua*, baron de Pontéjac, Laurac, était aussi seigneur de Caumont et de Cazaux.

Il est certain que les seigneurs de Caumont ont joué un rôle considérable dans les xii° et xiii° siècles ; mais il est à remarquer que depuis le jour où la seigneurie de Caumont a été laissée par Guy de Comminges au comte de Foix, en 1357, on n'entend plus parler d'elle et il n'est plus question du château féodal qui pourtant devait exister avant cette époque. Ces Caumont ne doivent être confondus ni avec les Caumont-Laforce, ni avec les Caumont-Lauzun qui en descendaient, ni même avec une autre famille de Caumont, dont les membres étaient seigneurs d'un autre lieu et château de ce nom, près de Riscle. Après un long intervalle entre 1357 et 1570, le titre de seigneur de Caumont reparaît, non sans éclat, avec le duc d'Épernon qui le porte, dans sa jeunesse, lorsqu'il se présente à la cour du roi Henri III.

En face de ces lacunes, et ne pouvant pas relier, d'une manière certaine, les anciens seigneurs de Caumont aux Du Gua, je me suis décidé à ne commencer l'histoire du « château de Caumont « et des personnages qui y ont vécu » qu'à Pierre de La Valette et à Marguerite de Lisle-Saint-Aignan, sa femme, qui en sont

---

[1] Archives de Tarn-et-Garonne. *Fonds d'Armagnac*, A 44, p. 49.

les auteurs. Ici, plus de suppositions, mais des faits certains, à partir de 1521, date de leur mariage.

LES DIVERS PERSONNAGES QUI ONT VÉCU A CAUMONT DE 1521 JUSQU'A NOS JOURS.

1521—1551 { Pierre de Nogaret de La Valette,
Marguerite de Lisle-Saint-Aignan.

1551—1587 { Jean de Nogaret de La Valette,
Jeanne de Saint-Lary-Bellegarde.

1587—1642 { Jean-Louis de Nogaret de La Valette, duc d'Épernon,
Marguerite de Foix-Candale.

1642—1661 { Bernard de Nogaret de La Valette, 2ᵉ duc d'Épernon,
Gabrielle légitimée de France.

1661—1695 { Louis-Félix marquis de La Valette,
Paule d'Astarac de Fontrailles.

1695—1708 { Gabrielle-Éléonore de La Valette, dame de Caumont,
femme de Gaspard de Fieubet.

1708—1740 { Alexandre de Percin de Montgaillard-La Valette,
Catherine-Henriette de Preissac d'Esclignac.

1740—1766 { Charles-Maurice de Montgaillard-La Valette,
Marthe de Pancy de Villandric.

1766—1786 { Charles-Bernard de Percin de Montgaillard-La Valette,
Charlotte de Gontaut-Biron (Saint-Blancard).

An IV de la République—1839 { James de Mac-Mahon,
Pauline de Montgaillard-La Valette.

1839—1864 { Armand, marquis de Castelbajac,
En premières noces, Caroline de Mac-Mahon ;
En secondes noces, Sophie de La Rochefoucauld.

1864 { Gaston, marquis de Castelbajac,
En premières noces, Blanche Alfonso de Aldama ;
En secondes noces, Apollonie de Valon.

1521-1551. — Pierre de Nogaret de La Valette et Marguerite de Lisle-Saint-Aignan.

Pierre de Nogaret de La Valette descendait d'une ancienne maison de gentilshommes du pays de Toulouse; son père, Jean de N. de La Valette, mari de Catherine de Roaix, héritière de Graignague, était de la suite du roi Charles VII et fut lieutenant de Gaston de Foix dans les guerres de 1442; il assista, notamment, aux sièges de Castillon-sur-Dordogne et de Bayonne. Pierre de N. de La Valette, épousa, le 21 avril 1521, Marguerite de Lisle-Saint-Aignan [1], qualifiée *dame de Cazaux et de Caumont*. Elle appartenait à une maison qui possédait Lislette-Surimonde (aujourd'hui l'Isle-Arné), Ansan, Blanquefort, dans le Fezensac, et Saint-Aignan, dans le Condomois; elle était veuve de Antoine Du Gua, baron de Pontéjac, Laurac, *Caumont*, Cazaux [2], qui, en mourant, lui laissa tous ses biens. C'est donc elle qui apporta Caumont à son second mari, Pierre de La Valette.

Dès leur mariage, ils jetèrent les bases du château actuel et

---

[1] Suivant contrat retenu par Jean de Rupe, notaire à l'Isle-Jourdain.

[2] Antoine du Gua, connu sous le sobriquet de « Cadet de Cazaux », hardi, querelleur et mutin, descendant des anciens comtes de Lisle-Jourdain, avait de justes prétentions sur la comté, mais il se trouvait trop faible pour la disputer; Girard Jordain, dernier comte, l'avait vendue déjà à messire Jean de Bourbon, comte de Clermont, fils aîné de messire Louis de Bourbon, comte de Clermont, en l'an 1405, pour 34.000 écus, par contrat retenu par Jean Fargua, notaire à Toulouse, et ledit messire de Clermont à messire Jean d'Armagnac, quatrième du nom, pour 38.000 écus, l'an 1421, laquelle comté fut réunie à la couronne par la mort dudit comte qui fut tué dans Lectoure par les gens du roi Louis XI. (*Généalogie de la maison de La Valette*, par Bernard Gelede, docteur, prieur de l'abbaye de N.-D. de Gimont. Imprimerie Arnaud Colomiez, Toulouse, M DC XXXIII.)

La comté de Lisle-Jourdain fut ensuite donnée par le roi au duc d'Alençon et à Marguerite d'Orléans, sa femme; ce duc étant proche héritier des comtes d'Armagnac, à la charge de réunion à la couronne par défaut de descendants; le duc d'Alençon étant mort sans enfants, la duchesse sa femme, sœur de François Ier, épousa, en secondes noces, Henri d'Albret II, dont elle eut Jeanne d'Albret, mère de Henri IV, lequel, cette fois, réunit définitivement la comté de Lisle-Jourdain à la couronne, en 1596.

L'ENTRÉE DE LA SECONDE COUR.

commencèrent, sans doute, par construire les communs, dans lesquels ils ont dû vivre pendant les travaux du château; ce dernier ne fut terminé qu'en 1535, date gravée sur la porte d'entrée de la cour et au pied d'une colonne de l'escalier d'honneur, au premier étage.

Le pavillon du nord des écuries présente, en effet, aux étages supérieurs, des traces d'habitation. C'est là que Pierre et Marguerite vécurent, en attendant l'achèvement de leur œuvre. Mais les devoirs militaires séparèrent souvent les deux époux. Pierre, appelé par le service du roi, dut aller guerroyer en Italie à l'armée d'Odet de Foix, vicomte de Lautrec. Durant ses absences, Marguerite surveillait les travaux, pressait les ouvriers. Que de longues heures elle dut passer sans nouvelles de son mari! On peut se douter de ce que pouvaient être les communications dans ces temps reculés.

Enfin, Pierre revint des Calabres en 1528. Quelle joie de retrouver sa femme vivante et son château presque terminé !

Les gentilshommes de l'ancien régime se consacraient à leurs souverains; au premier appel, ils quittaient tout pour aller, souvent au loin, prodiguer leur fortune et leur sang; c'est ainsi, précisément, que Pierre de La Valette termina ses jours, tué au siège de Boulogne-sur-Mer, place défendue par les Anglais, en 1545.

Marguerite travailla donc pour ses descendants plus encore que pour son mari; celui-ci, en effet, ne put jouir que peu d'années de sa nouvelle demeure. Sa veuve eut, du moins, la consolation de voir Jean, son fils, marié à une femme remarquable, Jeanne de Saint-Lary, sœur du maréchal de Bellegarde, et le ménage établi dans le beau cadre préparé par ses soins maternels.

1545-1575. — Jean de Nogaret de La Valette et Jeanne de Saint-Lary de Bellegarde.

Jean de La Valette fut seigneur de Caumont par la donation que lui en fit sa mère, Marguerite, en 1550 [1].

Jean de La Valette fut un homme de guerre remarquable; il commanda la cavalerie légère à Jarnac, à Moncontour, à Dreux, ainsi qu'au siège de Chartres. Il mourut encore jeune et de maladie, à Caumont, en 1576.

Il avait épousé Jeanne de Saint-Lary, sœur du maréchal de Bellegarde, et ils eurent de cette union :

Messire Bernard de N. de La Valette, amiral de France;

Messire Jean-Louis de N. de La Valette, pair et colonel de France, qui suit;

Jean, qui mourut jeune;

Hélène, dame de Rouillac;

Catherine, dame et duchesse du Bouchage;

Anne, comtesse de Brienne.

Les deux fils de Jean de N. de La Valette, Bernard et Jean-Louis (celui qui devint duc d'Épernon), firent élever à leurs parents un beau mausolée à Cazaux-Savès, la paroisse de Caumont; et Anne de Batarnay, veuve de Bernard, fonda, en 1591, pour garder cette sépulture, un couvent de Minimes et une très belle chapelle dans laquelle figuraient, sur leur tombe, les statues de Jean de N. de La Valette et de Jeanne, sa femme, les mains jointes, les têtes appuyées sur un coussin armorié; le tout, en marbre blanc. Les armes sont : *Écartelé au 1 et 4 de Lisle-Jourdain, qui est la croix de Toulouse; au 2 de Saint-Lary, qui est d'azur au lion couronné d'or; au 3, qui est d'azur à la cloche*

---

[1] Cet acte de donation est dans les archives de Caumont.

bataillée de sable, qui est Laforsan; sur le tout, un écusson aux armes des Nogaret, qui sont *d'argent au noyer de sinople, au chef de gueules, chargé d'une croix alézée d'argent.*

Il y avait, en bas-relief, sur une face du tombeau, une très belle inscription commémorative de la vie et des hauts faits de Jean de N. de La Valette. Malheureusement, il n'y a de conservé que la seconde partie; la première a été brisée. Inutile de dire que mausolée et statues ont subi les injures et les mauvais traitements que leur infligèrent lâchement les révolutionnaires de ce temps. Les deux statues tombales, leur coussin de tête et la seconde partie de l'inscription ont été recueillis à Caumont après la Révolution. Voici une partie de l'inscription : elle est en latin du temps; elle se termine par le portrait de Jean :

<small>Erat statura plusquam mediocri, ore fulvo, aquilino naso, barba, capillo, oculisque nigrantibus, sed toto corporis habitu dignitatem præferente, Moribus autem supra seculi mores admirandis fuit, cujus rei argumento sit quod tot tantisque magistratibus functus nihilo ampliores fortunas reliquierit quam quas a patre acceperat. Anno dæmum ætatis octavo et quadragesimo, is erat Christi supra CIƆIƆ sextus et septuagesimus, qui corpore integro valensque viribus sexcentis e belli periculis evaserat, hic fundo in paterno febre correptus obiit, filiis duobus ex unica uxore Joanna Sanlaria de bellegarda relictis. Quorum qui natu minor erat Iohannes Ludovicus Dux Sparnunensis hoc monumentum fieri curavit Anno Salutis CIƆIƆCXXXII[1].</small>

La chapelle, on peut dire l'église des Minimes de Cazaux, fut

---

[1] « Il était de taille plus que moyenne, le teint bronzé, le nez aquilin, la barbe, les cheveux et les yeux noirs; mais il portait la dignité dans la tenue de tout son corps. Ses mœurs furent admirables, supérieures à celles de son siècle ; de ce fait nous avons pour preuve, que, ayant été chargé de tant et tant d'emplois, il ne laissa de plus grande fortune que celle qu'il avait reçue de son père. Enfin, dans l'année quarante-huitième de son âge, qui était l'an du Christ mil cinq cent soixante-seize, le corps sain, plein de force, lui qui avait échappé à six cents périls de guerre, ici, dans le patrimoine de ses pères, il mourut, saisi par la fièvre, laissant deux fils de sa femme Jeanne Saint-Lary de Bellegarde, dont le plus jeune, Jean-Louis, duc d'Épernon, prit soin de faire élever ce monument, l'an de notre salut 1632. »

consacrée en 1611 seulement, ainsi qu'en fait foi l'inscription suivante, gravée sur une plaque de cuivre :

> Messires Bernard et Jean Loys de Nogaret frères, marquis de La Valette, seigneurs de Caumont, Cazaux, chevaliers des ordres du roy, capitaines de cent hommes d'armes des ordonnances, conseillers aux conseils d'Estat et pribé, ledit messire Bernard, gouverneur et lieutenant général pour Sa Majesté de Provence et admiral de France, et ledit messire Jean Loys, premier pair et duc d'Épernon, colonel général de l'infanterie françoise, gouverneur et lieutenant général pour Sa dite Majesté à Metz, Xaintonge, Angoumois et Lymozin, sont fondateurs de ceste église et convent de l'ordre des Mynimes, dédié à l'honneur de Dieu et de la Vierge Marie, et a ésté béniste par Illustrissime messire Jean Daffis, évesque de ce diocese de Lombez, le dimanche feste de saintz Jacques et Philippe, premier jour de may mil six cens onze, regnant très chrestien prince Loys, par la grâce de Dieu, roy de France et de Navarre, et Marie de Médicis, sa mère régente.

Le couvent et l'église durèrent jusqu'à la Révolution, et c'est au moment du rétablissement du culte que l'église fut abattue et vendue pour 6.000 livres à M. Brocas, propriétaire à Labastide-Savès. La municipalité de Cazaux-Savès, consultée par le nouveau ministre des Cultes pour qu'elle eût à choisir entre la belle église des Minimes et une assez vilaine chapelle située dans le bas du village, n'hésita pas et choisit la dernière; le vieux curé, qui était boiteux, la préféra aussi parce qu'elle était voisine de la cure.

Il faut tout dire : la communauté des Minimes n'existait plus; les Montgaillard n'étaient que les successeurs des La Valette; la commune fut effrayée d'avoir à réparer et à entretenir un pareil monument; les bâtiments du couvent furent aussi vendus à deux propriétaires différents de l'endroit.

On voit, dans le reste de la demeure du père abbé, un escalier à la mode de 1600, deux ou trois assez grandes pièces et des caves voûtées spacieuses.

UN COIN DU COTÉ NORD (EXTÉRIEUR)

Ainsi disparut ce témoin de la grandeur des La Valette en Gascogne.

1587-1642. — Jean-Louis de Nogaret de La Valette, duc d'Épernon, et Marguerite de Foix-Candale.

Bernard et Jean-Louis de Nogaret de La Valette sont nés tous deux à Caumont, le premier en 1553, le second en 1554. L'aîné étant mort sans postérité en 1592, ce fut Jean-Louis qui en devint le seigneur, mais il n'en prit possession qu'après la mort de sa mère, en 1611.

Bernard et Jean-Louis firent leur première éducation chez leurs parents, à Caumont; puis ils allèrent continuer leurs études au Collège de Navarre, à Paris, recommandés par leur père à M. de Villeroy, un de ses amis, dans ce temps-là du moins.

La guerre de 1570 leur fit quitter les études pour prendre les armes; ils retournèrent en Gascogne, où leur père leur mit l'épée au côté.

Le second, Jean-Louis, trouva, aussitôt après, l'occasion de se distinguer à Mauvezin, dans un combat contre ceux de la religion réformée; mais il fallait au jeune ambitieux un plus grand théâtre, et il partit pour La Rochelle lors du premier siège avec les recommandations paternelles adressées au duc de Guise, qui devint, plus tard, son grand ennemi; il dut revenir sans avoir réussi à tirer de cette protection le bien qu'il en avait espéré.

Peu de temps après, Caumont (c'est le nom qu'il portait alors) partit pour Paris en bel équipage. Il s'attacha, tout d'abord, à la fortune du roi de Navarre et fut au nombre des gentilshommes qui l'accompagnèrent à la fameuse chasse de Saint-Germain, d'où il gagna Alençon ; mais Caumont quitta bientôt ce prince, scandalisé des propos, au moins légers, qu'il tenait sur la religion catholique.

Revenu à Paris, ce jeune gentilhomme fut distingué par Henri III, qui se souvint de l'avoir vu, en 1573, à La Rochelle, lorsqu'il était lui-même duc d'Anjou ; le Roi l'attacha à sa personne ; son frère Bernard et lui devinrent, peu après, ses grands favoris.

Que dire du célèbre duc d'Épernon qui ne soit connu des lecteurs du *Bulletin?* Il est presque superflu de parler de sa grandeur, des faveurs dont il fut l'objet, des titres que lui conféra le roi Henri III : duc et pair de France, gouverneur de Metz et du pays messin, du Limousin, de la Saintonge et, plus tard, de la Guyenne, colonel général de l'infanterie française, rien ne manquait à son ambition.

Je ne veux, dans ces simples notes, parler du duc d'Épernon qu'au point de vue Caumont, le lieu de sa naissance ; ne pouvant certainement faire mieux, je me contenterai de citer quelques passages d'auteurs qui ont étudié merveilleusement son caractère.

« A la fois chevaleresque et ambitieux, violent mais équitable,
« le duc ne connut ni la modération dans les nombreuses fonc-
« tions qu'il remplit, ni l'abnégation personnelle, mais il fut
« toujours esclave de sa parole et prouva, dans ses revers, une
« rare élévation de caractère.

« Hautain et orgueilleux, d'un esprit fin et d'humeur mor-
« dante, il se plut à blesser et à humilier ses rivaux.

« On comprend les haines qu'il souleva ; jamais homme ne fut
« plus calomnié ; on a cherché à le rabaisser jusque dans sa nais-
« sance ; on l'accusa des plus odieux forfaits et des actes les plus
« immoraux ; aussi éprouve-t-on, en étudiant sa vie, une sorte de
« satisfaction à voir s'écrouler cet échafaudage de haines, et

LA SALLE ROUGE.

« paraît-il juste et équitable de venger le duc d'Épernon des
« accusations de ses contemporains[1]. »

Voici encore quelques lignes qui mettent bien en relief certains points saillants de ce personnage intéressant :

« Autant le duc d'Épernon était rogue avec les grands, autant
« il avait le soin et l'art de s'attacher la noblesse provinciale et
« de se faire une clientèle à l'instar des patriciens de l'ancienne
« Rome; son orgueil et sa politique tiraient également parti du
« patronage..... Aussi d'Épernon, beaucoup plus que le Béarnais
« ou Montluc, fut-il le héros du terroir..... Il n'avait qu'un mot à
« dire, comme en 1592, comme en 1621, pour faire monter à
« cheval toute la noblesse de la province; notez qu'elle compre-
« nait dans ses rangs des noms de la première volée : Montes-
« quiou, d'Esparbès, Montaut, Pardaillan, Durfort, Comminges,
« Faudoas, Preissac, Montpezat, Caumont, Castelbajac, Gros-
« solles, Galard, Gontaut, gentilshommes qu'on trouve sur le
« pied de grands seigneurs dans le passé le plus lointain de
« l'histoire locale, tandis que ce chef spontanément choisi dont
« ils se faisaient les tenants contre quiconque, au besoin contre
« le roy, n'était auprès d'eux, avec ses deux cents ans de
« noblesse due au capitoulat toulousain, qu'un hobereau de la
« plus mince étoffe. Voilà déjà, par ce seul fait, de quoi fixer
« l'attention de l'historien et du moraliste[2]. »

Dans ce portrait, le duc est étudié sévèrement, et on comprend que ses ennemis l'aient envié jusqu'à l'injustice; ils l'accusèrent même de complicité dans le meurtre du roi Henri IV; mais l'histoire a fait raison de ces odieuses imputations.

Au faîte des honneurs, le duc, qui était bon fils, vint régulièrement visiter sa mère, à Caumont; de loin, aussi, il la proté-

---

[1] *Le duc d'Épernon*, par le marquis de DAMPIERRE (Alphonse Picard, Paris, 1888).
[2] *Un Gascon du XVIe siècle*, par M. Georges de MONTBRISON (Charmerot, Paris, rue des Saints-Pères, 1880).

geait par sa grande influence et par la crainte qu'inspirait son caractère altier. Le fait est que la dame de Caumont n'eut jamais à souffrir des troubles si fréquents dans cette contrée; ni le capitaine du Bourg, qui commandait à Lisle-Jourdain, ni le capitaine Marravat, qui commandait à Mauvezin, n'osèrent molester ni rançonner Caumont et Cazaux.

Lorsque, en 1584, le duc d'Épernon fut chargé par son souverain d'aller savoir de Henri de Navarre s'il ferait le sacrifice de sa religion en vue de la succession au trône, il trouva ce prince à Pamiers, revint avec lui, en joyeuse compagnie, à Pau.

Malgré toute sa séduction, d'Épernon échoua dans sa mission et ne put amener Henri de Navarre à abandonner sa foi.

Avant de pousser jusqu'à Nérac, où le duc voulait faire sa cour à la reine Marguerite qui y résidait alors [1], il passa par Caumont pour voir sa mère, et y arriva accompagné d'une brillante escorte de gentilshommes et de nombreux serviteurs armés; ce fut un événement dans l'endroit; la tradition rapporte que la dame de Caumont fournit à ses hôtes quarante lits à colonnes et à riches garnitures.

Après quelques jours consacrés à la piété filiale, le duc quitta la maison paternelle pour prendre le chemin de Nérac.

Après la mort de sa mère, le duc n'habita Caumont qu'à de rares exceptions; il avait déjà la folie de Cadillac, ce somptueux édifice qu'il faisait élever, dans son gouvernement, sur les bords de la Garonne, non loin de Bordeaux, et dans lequel il entassait les œuvres de tous les grands artistes de son époque [2]; il faisait

---

[1] Lire des détails sur cette rencontre dans un très remarquable ouvrage intitulé : *Itinéraire raisonné de Marguerite de Valois en Gascogne*, dû à M. Philippe LAUZUN, l'éminent président de la Société Archéologique du Gers (Éditeur, Alph. Picard et fils, 80, rue Bonaparte, 1902).

[2] Consulter à cet égard l'ouvrage plein d'intérêt et fortement documenté publié par M. BROQUEHAYE : *Les artistes du duc d'Épernon* (Éditeur, Féret, 15, cours de l'Intendance, Bordeaux, 1888).

même venir de Caumont ce qui lui paraissait digne de figurer dans ce cadre magnifique. J'ai un billet, signé de lui, par lequel il donne l'ordre de lui envoyer à Cadillac « la tapisserie de Jacob « et le mobilier de velours tanné et argent », et un second, ainsi conçu :

Cheylan, j'envoye Vignals le cadet, receveur de Bénauges, à Caumont, pour me savoir rapporter diligeamment quatre tapisseries, sçavoir : les deux qui sont dans la salle et les deux qui sont dans la chambre de Caumont, avec mon petit lit en drap d'or frisé, son bois et sa suitte. Faites luy délivrer le tout sur ce billet qui vous servira de décharge, et croyez moy, Monsieur Cheylan, votre meilleur amy.
Donné à Cadillac, le 1ᵉʳ septembre 1639.

Le duc D'ESPERNON.

Le duc ne légua pas ses dépouilles au couvent des Minimes de Cazaux où reposaient son père, sa mère et son frère; il avait édifié une magnifique chapelle funéraire à Cadillac, toute en marbre blanc et noir.

Les barbares de la Révolution poussèrent la folie de destruction jusqu'à réduire en poussière ou en cendres les merveilles de toutes sortes que contenait ce palais; seul, un élégant génie en bronze qui surmontait le catafalque à colonnes du tombeau des d'Épernon survécut au désastre; il fut recueilli au Musée du Louvre où je l'ai vu souvent.

Bien que je n'aie pas de sang du duc d'Épernon dans les veines, le fait de vivre dans le château où il est né, où il a passé ses jeunes années me donne un vif intérêt pour la mémoire de cet homme célèbre qui joua un rôle considérable dans l'histoire de France et servit trois rois, en ami ou en allié plutôt qu'en sujet.

1642-1661. — Bernard de La Valette, 2ᵉ duc d'Épernon, et Gabrielle légitimée de France.

Bernard de Nogaret de La Valette, second fils de Jean-Louis, duc d'Épernon, hérita de ce titre par suite du pacte de famille de ses parents, lequel stipulait que le fils aîné, à naître, porterait les titres de la maison de Foix-Candale; il devint seigneur de Caumont à la mort de son père, en 1642. Il avait épousé Gabrielle légitimée de France, fille d'Henri IV et de la marquise de Verneuil, élevée à la cour de France et tout à fait en princesse.

Le sieur Cheylan avait la garde de Caumont et y était, en 1658, lorsque un terrible incendie dévora l'aile du midi, les toitures et les intérieurs.

Le duc d'Épernon, qui partageait son temps entre la Cour et le Gouvernement de Guyenne dans lequel il avait succédé à son père, habitait peu Caumont, mais, riche et fastueux, il entendait que ses biens fussent en bon état et, aussitôt, donna des ordres pour la restauration du château. On alla jusque dans les Landes, par corvées, chercher les bois nécessaires aux charpentes avec des attelages de bœufs; on recouvrit de grandes pentes en ardoises les quatre tours carrées; on reconstruisit l'aile du midi dans un style nouveau, celui du Luxembourg, et on commençait les grands toits des corps de logis, recouverts provisoirement de grossières toitures d'attente, lorsqu'on reçut la nouvelle de la mort du duc, décédé à Paris le 16 juillet 1661. Du coup, tous les travaux furent suspendus.

Qu'allait devenir Caumont? Quel serait son nouveau seigneur? Le duc n'avait pas d'héritiers directs; il avait eu le malheur de perdre son fils Louis-Gaston, appelé le beau Candale, mort jeune à Lyon, en 1658, d'une fièvre maligne et sans postérité; sa fille, Christine, très honnêtement attachée au comte de Fiesque, tué à la guerre, en 1648, s'était faite carmélite et avait prononcé des vœux éternels.

Par son testament, ouvert le 25 juillet 1661, le duc d'Épernon laissa Caumont, château et terres, à son neveu Louis-Félix de La Valette, comte de Beaumont, fils de Jean-Louis de La Valette, lequel était le frère naturel du testateur[1]. Ce Jean-Louis était-il fils du duc d'Épernon et de sa seconde femme Anne de Mosnier, épousée par lui à Pignans, le 24 février 1596 ? C'est bien à croire, malgré les opinions contradictoires et les discussions passionnées à ce sujet qui ont fait couler des flots d'encre, lorsque j'ai fait part, en 1886, à la Société Archéologique du Gers, du pacte de mariage entre Jean-Louis de La Valette, duc d'Épernon, et Anne de Mosnier, trouvé par moi à Caumont au milieu de vieux papiers.

Ce mariage est resté si secret que Girard, le secrétaire du duc, son historien et son apologiste, n'en dit pas un mot dans la vie de son maître et que les descendants de ce second mariage n'ont jamais essayé d'en profiter pour se faire traiter en enfants légitimes, tant avaient de force les habitudes de l'époque en fait de mariages secrets, et surtout parce que, sur son lit de mort, la duchesse d'Épernon avait fait solennellement promettre à son mari de ne jamais se remarier et que le duc n'avait pas voulu sembler manquer à sa parole.

Voici, dans le testament en question, l'article qui concerne Louis-Félix de La Valette :

Item, ledit seigneur testateur a donné et légué à Louis de La Valette, son neveu, fils de Jean-Louis de La Valette, frère naturel dudit seigneur testa-

---

[1] Jean-Louis, dit le chevalier de La Valette, lieutenant général de l'armée navale des Vénitiens, en 1645, mourut pendant les troubles de Guyenne, en 1650, ayant eu, de Gabrielle d'Aymar, fille de Honoré, seigneur de Montsolier, président du parlement de Provence, Louis-Félix et Gabrielle (MORERI, *Dictionnaire historique*, tome VI, page 859).

teur, la maison, terre et seigneurie de Caulmont, ses appartenances et dépendances, immunités, avec tous les meubles qui se trouveront dans ladite maison et château au jour du décès dudit testateur, et, en outre, lui donne et lègue le marquisat de La Valette et les terres et seigneuries de Pompiac, Andouffielle, avec toutes leurs appartenances, dépendances et immunités, sans aucune chose en réserve et pour en jouir et posséder par ledit Louis de La Valette en tous droits de propriété et seigneurie; et, outre ce, ledit seigneur testateur donne et lègue audit Louis de La Valette, son neveu, la somme de 100.000 livres tournois, une fois payées, payables dans un an du jour du décès dudit testateur, et, faute de payer ladite somme principale ledit temps échu, les intérêts d'ycelle en seront payés audit Louis de La Valette à raison du denier 20.

Le testament du second duc d'Épernon est tellement curieux qu'il sera donné *in-extenso* à la fin de cette notice. A travers d'innombrables legs, le duc d'Épernon en laisse un ainsi conçu :

Ledit testateur laisse au s^r Cheylan, son chirurgien, 3.000 livres, une fois payées; et, outre ce, ledit testateur le décharge de tout le maniement qu'il peut avoir ci-devant fait de quelques deniers lui appartenant, ensemble de la représentation des meubles qui peuvent avoir *péri* à Caumont.

Il va sans dire que ces meubles ont péri dans l'incendie de Caumont, en 1658.

J'ai, dans les archives de Caumont, différents inventaires après décès, entre autres celui de 1662, fait à la requête de dame Marie du Cambout, veuve du second duc d'Épernon :

A comparu Gabriel de Berthaudy, docteur, avocat, spécialement fondé par très haute et très puissante princesse dame Marie du Cambout[1], veuve de deffunt très haut et très puissant prince Monseigneur de La Valette et Candale, duc d'Épernon et de Candale, pair et colonel de France, gouverneur et lieutenant général par le roy de la province de Guyenne, a dit que le deffunt duc d'Épernon est décédé depuis le mois de juillet 1661, et aurait besoin, pour la conservation de ses intérêts, de faire procéder à l'inventaire des meubles et

[1] Bernard, duc d'Épernon, qui avait perdu sa première femme en 1627, épousa, en secondes noces (1634), Marie du Cambout, nièce du cardinal de Richelieu.

documents qui sont dans ses maisons situées dans la sénéchaussée d'ycelle et autres objets qui pourraient se perdre ou s'égarer.

M. Gabriel de Berthaudy représente aussi Mme la duchesse de Fleix; il représente encore messire Jacques baron d'Antin, dame Marie-Christine de Zamet, femme de M. le marquis d'Antin, et les sieurs enfants de M. Louis marquis de Ribérac.

Le s^r Nicolas de La Reynie, conseiller du roi, exécuteur testamentaire dudit seigneur défunt, représente Mlle Suzanne de Foix et MM. le comte et le vicomte de Ribérac.

Enfin, le s^r Vignal, trésorier de la maison d'Épernon, est procureur fondé par très haute et très puissante dame Marie-Claire de Beauffremont, héritière universelle du duc d'Épernon.

Puisque le testateur, en léguant Caumont à Louis-Félix de La Valette, ajoute qu'il lui laisse le château avec tout ce qu'il contient, les héritiers du côté Foix n'en pouvaient rien distraire.

L'incendie avait dû faire périr une partie du mobilier, nous le savons par le legs rapporté tout à l'heure; il est à supposer, cependant, que la plus grande partie fut sauvée, parce que le château n'était pas alors habité et que les garde-meubles étaient dans les communs, hors de la portée du feu.

L'inventaire compte, sans parler du mobilier meublant et usuel, dix lits d'apparat à quenouilles, surciels, dossiers en étoffes les plus riches telles que velours, damas, taffetas, bordées de dentelles d'or et d'argent, plus vingt-quatre autres lits bien garnis et en bon ordre, seulement d'étoffes moins riches; de plus, soixante et une pièces de tapisseries de haute lisse dont plusieurs sont décrites avec détails, cela en dehors de celles réclamées par les deux ducs d'Épernon au profit de Cadillac.

1661-1695. — Louis-Félix de La Valette, marquis de La Valette, et Paule d'Astarac de Fontrailles.

Voilà donc ce que trouva l'héritier comme mobilier. Les intérieurs devaient encore être en grand désordre à cause des travaux interrompus par la mort du duc d'Épernon.

Louis-Félix dut reprendre toute cette restauration et profita, sans doute, de la présence de nombreux ouvriers pour abattre l'aile du couchant du château qui existait encore à cette époque; en effet, dans cet inventaire de 1667, les personnes qui en sont chargées, après diverses opérations, rentrent par le « pont « Lebit » (on est bien en Gascogne); or, les divers propriétaires qui ont succédé à Louis-Félix n'ont rien fait comme travaux de cette importance. Donc, l'aile du couchant, qui, du reste, n'était qu'une sorte de jubé destiné à protéger l'entrée et aussi à servir de communication entre les diverses parties de l'édifice, a bien été abattue par lui; il ne reste de cette aile que les deux tours dans lesquelles sont des escaliers à vis, en pierre; on voit encore, dans ces tours, les portes qui donnaient sur l'aile démolie.

Il est à croire que ce même seigneur a doté Caumont de diverses cheminées de marbre rouge, entre autres celle de la grande salle.

Il a sans doute fait de grands travaux, mais il a toujours remis au lendemain les toitures des corps de logis; ses descendants ont fait comme lui; de telle sorte qu'une partie de ces couvertures provisoires est encore là.

Louis-Félix était marquis de La Valette par le testament du duc d'Épernon; il était général d'armée, avait épousé Paule d'Astarac de Fontrailles, sœur de Fontrailles, le Bossu, celui de la conspiration[1], mais ils n'eurent pas d'enfants, et Caumont revint à l'héritière naturelle, Gabrielle, dame de Fieubet, sa sœur.

1695-1708. — Gabrielle-Éléonore de La Valette, dame de Fieubet, femme de Gaspard de Fieubet, premier président du Parlement, à Toulouse.

Gabrielle de La Valette avait épousé Gaspard de Fieubet, premier président du Parlement, à Toulouse; il avait aussi à Paris un bel hôtel et de grandes relations. Il mourut en 1705.

Gabrielle se trouvant seule à Caumont, sans héritiers directs, négligea ses parents maternels, les d'Aymar, en faveur des Percin de Montgaillard[2], invoquant, pour justifier ce choix, une alliance lointaine avec les Foix par une branche de Rabat, et des services à elle rendus par le marquis de Percin de Montgaillard.

Elle leur laissa tous ses biens, à la condition d'ajouter à leur nom et à leurs armes le nom et les armes des La Valette; en quoi elle leur fit beaucoup d'honneur, car ils étaient de petite noblesse auprès de la sienne, malgré leurs prétentions très contestables à descendre des Percy-Northunberland.

---

[1] Le marquis de Fontrailles avait pris part à la conspiration de Saint-Mars, en 1641 ; la conspiration ayant été découverte, il s'enfuit en Angleterre ; il prit encore part à la cabale des « importants », pendant la Fronde (*Dictionnaire historique*, de BOUILLET).

[2] Pierre-Paul baron de Montgaillard, sous Louis XIII, ne pouvant plus tenir à Brême, rendit la place et fut décapité. Sa mémoire fut réhabilitée, et le roi, pour consoler sa famille, érigea la baronnie de Montgaillard en marquisat, promit un évêché à un de ses enfants cadets et un grade supérieur dans l'armée à l'aîné, marquis de Montgaillard.

Ce fils aîné était l'ami et le conseil de Mme de Fieubet, et termina des affaires litigieuses entre elle et les Rochechouart (*Correspondance de Mme de Mac-Mahon*, archives de Caumont).

Voilà déjà la fin du sang des Nogaret La Valette! Cette grande situation disparaît tout à coup; les richesses de cette opulente maison sont dispersées, mais la personne du premier duc d'Épernon est restée légendaire. Seul, dans un duel inégal, il eut le courage de lutter pendant de longues années contre le cardinal de Richelieu, et il fallut à ce grand ministre toutes les ressources de son génie et les forces dont il disposait pour abattre, enfin, dans sa vieillesse, le dernier représentant des grands seigneurs alarmants pour le pouvoir royal.

1708-1740. — Alexandre de Percin de Montgaillard, marquis de La Valette, et Catherine-Henriette de Preissac d'Esclignac.

Rien ne donne à penser que le successeur de Mme de Fieubet, Alexandre de Montgaillard-La Valette, ait fait des travaux au château de Caumont. Il avait épousé Henriette de Preissac dont les parents, ses voisins, vivaient au château de Castillon (Savès)[1].

Ce château a été presque entièrement détruit, pendant la Révolution, par les habitants du lieu; tous les meubles, les tableaux, le linge, l'argenterie ont été volés par eux; il ne reste de cet édifice qu'une assez belle salle voûtée, comprise dans l'ensemble d'une grosse maison bourgeoise appartenant aujourd'hui à la famille Lacroix.

Cette première génération de Montgaillard-La Valette dut habiter Caumont avec un certain luxe, car le mobilier ne déclina pas. A la mort d'Alexandre, il fut fait un inventaire, en 1740, et on verra à l'article suivant qu'il comprenait un plus grand

---

[1] Lors du second mariage de mon père, à Beauvais, en 1825, les Mac-Mahon se firent représenter par leur parent, M. de Preissac d'Esclignac, duc de Fimarcon; il était précisément officier dans le régiment des dragons de la garde royale que commandait mon père.

GRANDE CHEMINÉE DE MARBRE.

nombre de lits d'apparat et de tapisseries de haute lisse que n'en possédait la génération précédente. Alexandre eut pour successeur :

Charles-Maurice de Montgaillard, marquis de La Valette, et Marthe de Paucy de Villaudry (1740-1766).

Charles-Maurice et sa femme vécurent dans un certain luxe, et un inventaire, fait en 1747, indique cent neuf pièces de tapisseries de haute lisse, dix-huit lits d'apparat à quenouilles, surciels, dossiers, fourreaux en riches étoffes et à broderies d'or et d'argent, sans compter les autres plus ordinaires.

Il fut bien question à cette époque-là de modifier l'extérieur du château; on a retrouvé dans les archives des plans faits avec beaucoup de soin, très ambitieux et fort laids : on voulait le transformer à la mode de Louis XV. Le vieux manoir l'échappa belle.

1766-1786. — Bernard-Joseph de Montgaillard, comte de Caumont, marquis de La Valette, et Charlotte de Gontaut-Saint-Blancard.

J'ai sous les yeux le contrat de mariage de Bernard-Joseph de Montgaillard-La Valette, comte de Caumont, avec Mlle Charlotte de Gontaut, fille du marquis de Saint-Blancard ; l'assistance est intéressante.

COTÉ MONTGAILLARD.

Le père,	Charles de Percin, marquis de Montgaillard.
La mère,	dame Marthe de Paucy de Villaudry.
Aïeul,	J.-Baptiste de Paucy de Villaudry.
Aïeule,	Catherine-Henriette de Preissac d'Esclignac.
Oncle,	comte de Percin de Montgaillard.
Tante,	dame Rose de Montégut, épouse du précédent.

COTÉ GONTAUT.

Père,   Armand-Alexandre comte de Gontaut, marquis de Saint-Blancard.
Mère,   Françoise-Magdeleine de Preissac d'Esclignac.
Grand-père, Jean-Henri de Preissac, marquis d'Esclignac et de Fimarcon.
Grand'mère, dame Julienne de Mun-Sarlabous.
Frère,   Armand de Gontaut, lieutenant aux gardes françaises.
Sœur,   Bernarde de Gontaut-Biron.

ONCLES ET COUSINS.

Mgr d'Osmond, évêque de Comminges.
Alexandre de Mun-Sarlabous, écuyer du roi.
Pierre de Génibrous, comte de Castelpers.
Maréchal de Gontaut-Biron, pair de France.
Duc de Gontaut, lieutenant général des armées du roi.
Gontaut, comte de Biron, aux gardes françaises.
De Mun-Sarlabous, brigadier des armées du roi.
Charles-Louis de Preissac.
Marquis de Monnens, comte de Trois-Villes.
Preissac d'Esclignac, maréchal de camp.

Dans un inventaire de 1770, le mobilier est moins brillant; le goût des vieilleries est passé : il y a aux fenêtres des rideaux de moussouline *(sic)*, et tout ce qui venait de l'ancienne splendeur de l'époque des d'Épernon est au garde-meubles avec, souvent, la mention : usé, cassé, etc., etc.

La situation sociale est encore considérable; voici la relation faite par le curé de la paroisse d'une procession au château :

Procession du 30 août 1779.

Servira pour mémoire que, le 30 août de la présente année, suivant l'usage, nous nous sommes transportés en corps de paroisse et processionnellement à la chapelle du château de Caumont, dans notre paroisse, assistés de M. Forgues, prêtre, docteur en théologie et curé d'Auradé au présent diocèze; de M. Lane, prêtre, vicaire d'Endoufielle, et de M. Barrère, chapelain du château de Castillon.

Arrivés à la première porte du château, nous avons été reçus par M. Auguste de Montgaillard, fils du seigneur, au bruit de la mousqueterie dudit château ; à la première basse-cour, nous avons été reçus par M. le marquis de Montgaillard et M. de Castelpair *(sic)*; à la dernière cour, par Mme de Montgaillard accompagnée par M. l'abbé de Sarlabous, archidiacre de Comminges; de Mme la marquise de Gontaut, sa belle-sœur; de Mme la comtesse de Vernon, sa sœur; de M. le comte de Sarlabous, son cousin; de M. de Rozambeau, président du parlement de Paris; de M. le marquis de Roquelaure, gentilhomme d'honneur de M. le duc d'Angoulême, et de toute sa maison. Après avoir monté le grand escalier et la salle du château, sommes arrivés à ladite chapelle où, après notre prière, nous avons donné l'eau bénite, l'aspersion, chanté une grand'messe, fait l'offrande ; les marguilliers et marguillières ont fait la quête; à la fin de la messe, nous avons dit des Évangiles en l'honneur dudit saint Eutrope, patron de ladite chapelle, à tous ceux et celles qui se sont présentés, notamment à demoiselle Pauline de Montgaillard, fille dudit seigneur.

Le tout fini, nous nous sommes retirés dans le même ordre et processionnellement, accompagnés, jusqu'à la dernière porte, dudit seigneur et de son fils, toujours au bruit de la mousqueterie dudit château, qui a fait plusieurs décharges pendant la messe, à notre arrivée et à notre départ.

En foi de ce, à Cazaux.

BACON, *curé*.

Le marquis de La Valette mourut un peu avant la Révolution. La marquise de La Valette passa le temps de la Terreur à Toulouse. Caumont fut mis sous séquestre, ainsi que les revenus de la terre, et les autorités de l'époque firent garder le château par des garnisaires, logés et nourris aux frais du seigneur. Trop paresseux pour aller chercher du bois qui ne manquait pas, ces héros, installés dans une ou deux pièces, brûlaient, pour se chauffer, les portes et les meubles du reste du château.

La marquise réclamait vainement la levée du séquestre; ses enfants étaient : Auguste, qui devint le marquis de La Valette, et Pauline, qui épousa un gentilhomme irlandais, James de Mac-Mahon, officier dans l'armée anglaise, qui était venu faire soigner à Toulouse des blessures reçues à l'armée du Portugal[1].

On peut s'imaginer dans quel état le nouveau ménage trouva le vieux château, qui avait subi, pendant plusieurs années, les injures du temps et celles des hommes.

An IV de la République-1839. — James de Mac-Mahon et Pauline de La Valette.

M. de Mac-Mahon se mit bravement à faire à Caumont les réparations les plus urgentes; malheureusement, il arrivait avec le goût anglais, ne rêvait qu'ogives, créneaux; de plus, la mode du romantisme commençait aussi en France à tourner les têtes, et au lieu de restaurer, de réparer, il se laissait aller à ses inventions; il détruisait les belles fenêtres à croix de pierre pour en faire des fenêtres ogivales. Ainsi, il y avait aux écuries deux grands pavillons qui, séparés du château, avaient échappé à l'incendie de 1658; il fit abattre leurs grandes pentes en ardoises et les remplaça par des toits de tuiles du pays et des créneaux. Je me souviens d'avoir vu, dans mon enfance, ces beaux toits si majestueux; on les distingue encore dans des dessins de 1840.

Pourquoi ne pas laisser ce château comme l'avait construit son fondateur, Pierre de Nogaret de La Valette, à cette belle époque de 1535, époque où on avait déjà renoncé à vivre dans de sombres forteresses à mâchicoulis?

Mais je me laisse aller à épiloguer, et je devrais moins insister sur les méfaits de M. de Mac-Mahon, au point de vue du style et du goût dans les travaux faits par lui à Caumont, puisque c'est sa femme, la vénérée Mme de Mac-Mahon, femme de grand cœur et d'une intelligence supérieure, qui l'a assuré à mon père

---

[1] L'acte de mariage est à Caumont.

MEUBLE EN BOIS SCULPTÉ.

lorsque celui-ci a épousé ma mère, en secondes noces, en 1824.

Sous d'autres rapports, M. de Mac-Mahon a rendu de grands services à la propriété; il y a remis de l'ordre, a racheté des enclaves, a fait des échanges au sujet de chemins publics qui traversaient ses terres; il était très estimé malgré un caractère entier, mais loyal. Il lutta avec courage contre les tendances révolutionnaires qui surgissaient encore, de temps en temps, chez les habitants de Cazaux.

1839-1864. — Armand, marquis de Castelbajac, et Sophie de La Rochefoucauld.

Armand, marquis de Castelbajac, est né à Ricaud (Hautes-Pyrénées), le 12 juin 1787, fils de Jean-Baptiste, marquis de Castelbajac, et de Anne-Louise de Cazalès; général de division, ambassadeur de France en Russie, président du Conseil général du Gers, grand officier de la Légion d'honneur, mort à Caumont le 3 avril 1864. Marié, en premières noces, à Caroline de Mac-Mahon et, en deuxièmes noces, à Sophie de La Rochefoucauld.

Dès son plus jeune âge, Armand de Castelbajac montra un goût décidé pour la gloire des armes; ses parents l'envoyèrent à Sainte-Barbe, à Paris; en 1806, il fut reçu à l'École militaire de Fontainebleau, n'y resta qu'une année et partit en charrette de poste pour la Grande Armée, où il arriva un jour de bataille. Le jeune Castelbajac fit brillamment les campagnes du premier Empire, y compris la campagne et la retraite de Russie. Souvent cité à l'ordre du jour de l'armée, le colonel de Castelbajac revint en France au moment de la première Restauration, prêta serment aux Bourbons et obtint un congé pour aller chez ses parents, à Toulouse, se remettre de ses fatigues et soigner ses nombreuses blessures.

Mgr le duc d'Angoulême confia au colonel de Castelbajac la mission de former, dans le Midi, un régiment de cavalerie qui porta le nom de « Chasseurs des Pyrénées ». C'est pendant son séjour à Toulouse qu'il épousa Mlle de Mac-Mahon, dont la mère était La Valette-Montgaillard, elle-même héritière de Caumont; il eut le malheur de perdre sa jeune femme après six mois de mariage; ses beaux parents s'attachèrent à leur gendre et le traitèrent comme leur propre fils; après dix ans de veuvage, ils facilitèrent eux-mêmes son mariage avec Mlle de La Rochefoucauld, en lui assurant, après eux, le château et la terre de Caumont.

M. de Mac-Mahon mourut en 1839 et Mme de Mac-Mahon en 1840.

Le marquis de Castelbajac, devenu général de brigade, s'installa avec sa nouvelle famille à Caumont, et c'est ainsi que le chef de la branche aînée de la maison de Castelbajac[1] quitta la Bigorre, son pays d'origine, et s'établit dans le Gers.

Plus tard, le général, après avoir passé des inspections de cavalerie, fut mis à la tête de la division militaire de Bordeaux.

En 1852, le général de Castelbajac fut nommé ministre, d'abord, puis ambassadeur de France en Russie, et devint le précurseur de l'alliance russe.

En 1856, sénateur de l'Empire et président du Conseil général du Gers, le propriétaire de Caumont consacra la fin de sa carrière à son département.

« Il défendit les intérêts de l'agriculture; il aimait les hommes de la campagne qu'il appelait la grande et solide réserve de la Patrie.

---

[1] La branche de Castelbajac-Bernet est aujourd'hui la branche aînée de la maison de Castelbajac; elle a maintenu le tronc jusqu'en 1340, tandis que l'autre branche de Castelbajac, appelée Barbazan, par suite de l'acquisition de cette seigneurie en 1748, s'était déjà détachée du tronc en 1260 et est, par conséquent, la cadette de ces deux branches, les seules existant maintenant.

« En dehors des affaires publiques, le général de Castelbajac était un ami des lettres, un père de famille parfait et un solide chrétien. Tous les gens qui l'ont connu ont gardé de lui le souvenir d'un vrai patriote, d'un grand citoyen dans la belle acception du mot; il a fait honneur à notre Gascogne, bien qu'il fût Bigourdan d'origine [1] ».

Le général de Castelbajac appartenait à une époque où on ne se souciait pas de la reconstitution des monuments anciens; il ne s'occupa que fort peu de l'extérieur de Caumont.

La marquise de Castelbajac fit d'heureux changements à l'intérieur du château; elle aimait le soleil et les beaux horizons, aussi elle refit et meubla le salon « vert » et diverses pièces exposées au midi; elle sut aussi égayer le vieux manoir par des plantations et des fleurs.

Le général de Castelbajac est mort à Caumont, le 3 août 1864.

1864. — Gaston, marquis de Castelbajac, et Apollonie de Valon.

Né à Paris, le 22 mars 1833, fils du général marquis de Castelbajac et de Sophie de La Rochefoucauld, attaché d'ambassade, en 1852; écuyer de l'empereur Napoléon III, en 1856; marié en premières noces à Blanche Alfonso, fille du marquis de Montelo, en 1856; conseiller général du Gers, en 1864; marié en secondes noces à Apollonie de Valon, en 1869; nommé capitaine des chasses impériales, en février 1870.

J'ai toujours nourri le grand désir de rétablir le château de Caumont tel que l'avait créé son fondateur, Pierre de La Valette, en 1535.

[1] Ces lignes sont tirées d'une étude sur le général marquis de Castelbajac parue dans l'*Almanach catholique de la Save*, pour 1912.

Mais, avant de me livrer aux travaux que je désirais commencer, j'ai dû procéder à des besognes obscures, consolidations, soutènements, drainages dans les souterrains, le tout onéreux et sans agrément.

Les toitures des corps de logis étaient (et sont encore en partie) les mêmes qui avaient été faites provisoirement, après l'incendie de 1658, pour attendre leur restauration; par quel miracle ce provisoire a-t-il duré jusqu'à nos jours? C'est incompréhensible!

Ces gros toits de tuiles à canal reposaient sur des poinçons posés eux-mêmes sur les poutres, contre toutes les règles de l'art; surtout, dans la partie centrale où les poutres ont une grande portée, je redoutais toujours un accident; il fallait aussi refaire les corniches qui sans cesse mouillées tombaient en morceaux à chaque gelée; les changements opérés en 1810 avaient eu des effets déplorables au point de vue circulation des eaux pluviales; on les avait enfermées dans les murs à cause des fameux créneaux et il y avait partout de terribles gouttières.

Je me décidai à restaurer le corps de logis principal et à le restaurer tel qu'il avait dû exister lors de la création du château.

Au point vue toitures, j'avais pour me guider les quatre grandes tours du château et les grands pavillons des écuries tels que je les avais vus encore dans mon enfance et tels qu'on peut les voir sur des dessins de 1840.

Je travaillai surtout à la restauration de la cour intérieure. Je me suis attaché à en enlever tout ce qu'on y avait fait pour la gâter, ce dont j'avais tant souffert dès ma jeunesse. J'ai rétabli les fenêtres à croix de pierre qui avaient été brisées pour en faire des fenêtres ogivales; j'ai refait toute la corniche, j'ai établi les conduites d'eau en plomb; les larmiers sont ornés; les descentes sont en fonte; j'ai fait gratter l'enduit qui, depuis 1800, cachait les murs bâtis à intervalles de brique et de pierre et recouvrait même les ornements de la porte d'entrée; les maçons chargés de ce travail avaient brutalement détruit à coups de marteau les moulures et les parties saillantes pour faire un ouvrage plus propre; chacun entend la gloire à sa façon.

Il faut l'avouer, le grand toit de la partie centrale du château fait paraître encore plus plates les deux autres ailes et indique bien qu'elles ne sont pas terminées; mes héritiers, je l'espère, compléteront un jour l'œuvre que j'ai entreprise.

La cour intérieure est maintenant présentable, et j'ai voulu rappeler cette restauration en l'inscrivant sur un tableau en pierre dont la place est tout indiquée dans un panneau inoccupé :

Ce château a été construit, en 1535, par Pierre de La Valette et Marguerite de Lisle.

Il a été restauré, en 1901, par Gaston de Castelbajac et Apollonie de Valon.

J'aime ces vieux murs dans lesquels j'ai vu mes parents heureux; j'aime ces grandes pièces où j'ai si souvent évoqué le souvenir de ceux qui y ont vécu; j'aime cette vallée qui, par certains jours limpides, conduit le regard jusqu'aux glaciers des Pyrénées; j'aime, enfin, ces lieux où j'ai senti battre à l'unisson de mon cœur celui d'une compagne aimable, courageuse et dévouée qui a toujours su écarter de mon chemin les embûches et les découragements inévitables dans le cours d'une longue existence.

Que Dieu la comble de ses bénédictions !

TESTAMENT DE BERNARD DE NOGARET DE LA VALETTE,
DEUXIÈME DUC D'ÉPERNON.

Paris, le 25 juillet 1661.

Pardevant Denis Lebeuf et Jean Chaussure, notaires gardenottes du Roy nostre sire, en son Châtelet de Paris, soussignés, venus au commandement de très haut et très puissant prince Bernard de Nogaret de La Valette, duc d'Épernon, pair et colonel général de France, gouverneur de Guyenne, fut présent en sa personne ledit seigneur duc étant dans son hôtel, sis rue Saint-Thomas-du-Louvre, paroisse de Saint-Germain-l'Auxerrois, gisant au lit malade de corps, sain de mémoire et entendement, ainsi qu'il appert aux notaires soussignés, lequel faisant refection de la condition de l'homme, sujette aux disgrâces de la fortune et de tant d'accidents soudains et imprévus et que, après tout, il faut rendre le combat de la nature, n'y ayant personne pour grand qu'il soit qui s'en puisse exempter, considérant aussi qu'il a plû à Dieu lui oter ses enfants et les mettre hors d'état de pouvoir recueillir ses biens après son décès, ne voulant mourir sans donner quelque ordre aux choses du monde et qui dépendent de lui, a fait dicté et nommé aux dits notaires son testament et ordonnance de dernière volonté, en la forme et manière qui s'ensuit :

Premièrement, il a supplié la Divine Bonté de n'entrer point en jugement avec luy et de lui pardonner ses fautes par l'application du très précieux sang de Jésus-Christ, son fils, mort en croix pour la rédemption des hommes, par l'intercession de la Très Sainte Vierge, sa mère, et de tous les saints; déclarant ledit seigneur qu'il pardonne de bon cœur à tous ceux qui peuvent l'avoir offensé, veut et ordonne ledit seigneur testateur, après qu'il aura plû à Dieu de disposer de lui, que son corps soit porté et mis en dépôt sans aucune pompe ni cérémonie dans l'église des Feuillants du fauxbourg Saint-Honoré de cette ville de Paris, pour après être porté à la première commodité et le plus tôt que faire se pourra dans l'église de Cadillac, pour y estre inhumé et enterré dans le tombeau de ses prédécesseurs; veut aussi le seigneur testateur qu'incontinent après son décès il soit dit et célébré douze mille messes basses (12.000 messes) en plusieurs églises au choix et discrétion de ses exécuteurs testamentaires cy-après nommés, veut aussi et ordonne

LES CUISINES.

ledit seigneur testateur toutes ses dettes être payées et acquittées, donne et lègue le seigneur testateur à l'hopital général des pauvres de cette ville de Paris la somme de vingt mille livres (20.000 l.) pour être une fois payées; — item, donne et lègue à l'hôpital de Saint-Esprit de la ville de Dijon pareille somme de vingt mille livres (20.000 l.) une fois payées; — item, donne et lègue à l'abbaye de Saint-Flossinde de Montpellier la somme de dix mille livres (10.000 l.) une fois payées pour être utilement employé au bien de ladite maison; — item veut et ordonne ledit testateur qu'il soit mis en fonds ou rente bien assurée la somme de soixante mille livres (60.000 l.) pour être une fois payées dont le revenu sera employé aux mariages de pauvres filles des terres de Cadillac par les mains et par les soins de la Doctrine chrétienne et des Capucins de Cadillac qui en feront la distribution en leur couvent et selon qu'ils jugeront devoir être fait, auxquels frères de la Doctrine chrétienne ledit seigneur testateur donne et lègue deux cents livres de rente sur le revenu de ladite somme de soixante mille livres, sans que pour raison dudit legs, il puissent prétendre aucun droits et parts et portions au fonds principal de ladite somme de soixante mille livres pour donner lieu à l'établissement, entretien et subsistance desdits pères Capucins de Cadillac, veut et ordonne ledit seigneur que l'aumône qu'il leur a donnée et donne annuellement, telle qu'elle paraîtra par les comptes des receveurs, soit continuée à toujours auquel il affecte ses terres de Cadillac, de Bénauges; — item veut et ordonne ledit seigneur testateur qu'il soit mis en fonds ou rente bien assurée la somme de quinze mille livres (15.000 l.), pour la fondation d'un obiit complet annuel et perpétuel qui sera célébré par chaque an en l'église dudit Cadillac pour le repos des âmes de luy testateur, de Jean-Louis de Nogaret et de Marguerite de Foix ses père et mère, et de Henri et Louis de Nogaret de Foix, ses frères, de dame Gabrielle légitimée de France, sa première épouse, de Gaston de Foix de Nogaret et dame de Foix de Nogaret, à présent religieuse Carmélite professe, enfans dudit seigneur testateur et de ladite dame Gabrielle légitimée de France, pour l'employ de laquelle somme et exécuteur de ladite fondation est commis aux soins du s^r abbé de Verteuil et, à son défaut, au sieur de Lauvergnac, juge général des terres dudit seigneur testateur; — item, donne et lègue ledit seigneur testateur une pension annuelle et viagère de trois mille livres (3.000 l.) au grand couvent des Carmélites de cette ville de Paris pour la dame de Nogaret sa très chère fille religieuse professe audit couvent, laquelle pension sera payée sur tous les biens tant que sa dite fille vivra au couvent desdites Carmélites où elle fera cy après sa demeure et après le décès de la susdite Anne de Nogaret de Foix, ladite pension demeurera éteinte; — item, donne et lègue ledit seigneur testateur audit grand couvent des Carmélites de cette ville la somme de cent mille livres (100.000 l.) pour une fois payées à la charge de faire dire et célébrer deux services solennels pour chaque an à perpétuité l'un pour le repos de l'âme dudit seigneur Gaston de Foix de Nogaret, son fils, duc de Cadillac, auquel jour sera aussi dit trente messes basses aux mêmes intentions, et le jour des trespassez de chacune année la communauté desdites religieuses dudit couvent ira processionnellement au chapitre d'ycelui y chanter des prières pour les âmes desdits seigneurs; — item, donne et lègue ledit seigneur à l'église de Cadillac où sont les sépultures et tombeaux de ceux de sa maison, premièrement la tapisserie de Jacob qui est la plus basse, plus l'ameublement qu'il a fait faire en drap d'or fuzé avec un reste d'étoffe de même qu'est, pour faire un daix lequel ameublement il entend être employé pour faire des revenus à ladite église pour le grand autel, plus une tenture de tapisserie de Flandre représentant l'histoire de Daniel; — item, donne et lègue à l'hôpital dudit Cadillac, outre les donations par lui cy devant faites, audit hospital la somme de vingt-huit mille livres (28.000 l.), laquelle somme sera mise en fonds ou rentes au profit dudit hospital;— item, donne et lègue à l'Hôtel-Dieu de Paris la somme de dix mille livres (10.000 l.) une fois payées; — item, donne et lègue à l'Hôtel-Dieu de Bordeaux pareille somme de dix mille livres (10.000 l.) une fois payées; — item, déclare ledit seigneur qu'il a passé en un second mariage avec dame Marie du Cambon, qu'il veut être payée de ses conventions conformément à son contrat de mariage;— item, donne et lègue les sommes et les choses suivantes à chacun de ses amis, officiers ou domestiques, savoir : à Mlle de Guise, une tenture en tapisserie de verdure rehaussée de petits bocages et une grosse paire d'amours; à messire Gaston de Foix marquis de Rabac, fils de messire Gaston de Foix comte de Rabac, un diamant du prix de trente mille livres (30.000 l.); à monsieur de Roquelaure une tenture de tapisserie rehaussée d'or, représentant l'histoire de l'enlèvement des Sabines; à M. le marquis de Cauvisson, son parent, un diamant de huit mille livres (8.000 l.); au sieur de Saint-Quentin, capitaine de ses gardes, un diamant de la valeur de dix mille livres (10.000 l.); à M. Guatebin, avocat au parlement de Paris, un diamant de pareille somme dix mille livres (10.000 l.); — item, donne et lègue à dame Rose de Maurès, veuve de M. de Malarticq, la somme de huit mille livres (8.000 l.); — item, donne et lègue au sieur Bernard Lamothe Malarticq, son filleul, la somme de six mille livres (6.000 l.);— item, donne et lègue au sieur de Beauroche, mon premier écuyer, la somme de huit mille livres (8.000 l.); — item, donne et lègue au sieur de Roffignac, aussi mon écuyer, la somme de huit mille livres (8.000 l.); — item, donne et lègue au sieur de Boulhagues, aussi son écuyer, la somme de 8.000 livres (8.000 l.), outre lesquelles trois sommes léguées à chacun desdits écuyers, le seigneur testateur leur a fait don de toute son écurie et de tout l'équipage d'ycelle pour être partagé le tout entre eux également, à la réserve, toutefois, d'un cheval appelé « Le Zéphir » et de deux chevaux de carrosse que ledit seigneur n'entend pas être compris au présent legs; — item, donne et lègue au sieur Daubarrède huit mille livres (8.000 l.); au sieur de Gadoliver deux mille livres de pension viagère; au sieur de Saint-Machard, chef de son conseil en Guyenne, la somme de six mille livres (6.000 l.) une fois payées; au sieur abbé de Verteuil quatre mille livres (4.000 l.) une fois payées; au sieur de Lauvergnac, juge général de ses terres, six mille livres (6.000 l.) une fois payées; au sieur Guezy, dix mille livres (10.000 l.) une fois payées; au sieur de La Guaronnies, six mille livres (6.000 l.) une fois payées; au sieur de La Grange Paunert, quatre mille livres (4.000 l.) une fois payées; au sieur Demontz que ledit seigneur a norri page, six mille livres (6.000 l.) une fois payées; au sieur Simonny, son secrétaire, huit mille livres (8.000 l.) une fois payées; au sieur Terreneuve, aussi son secrétaire, six mille livres (6.000 l.) une fois payées, outre ce, une pension annuelle de mille livres qui lui sera payée sa vie durant; au sieur Maujart, aussi son secrétaire, huit mille livres (8.000 l.) une fois payées; au sieur Molliard, six mille livres (6.000 l.) une fois payées; au sieur Des Rivières, six mille livres (6.000 l.) une fois payées; au sieur Dandivès, son aumônier, la somme de trois mille livres (3.000 l.) une fois payées; au sieur Daubin, aumônier, sept cents livres (700 l.) de pension annuelle et viagère; au sieur Métivier, son médecin, six mille livres (6.000 l.); au sieur Cheylan, son chirurgien, trois mille livres (3.000 l.) une fois payées, en outre ce, ledit testateur le décharge de tout le maniement qu'il peut avoir cy devant fait de quelques deniers, à lui appartenant, ensemble de la représentation des meubles qui peuvent avoir péri à Caumont; — item, donne et lègue le seigneur testateur au sieur Napier, gentilhomme anglais, la somme de dix mille livres (10.000 l.) une fois payées; à une femme anglaise, logée dans les écuries de son hôtel, mille livres (1.000 l.) une fois payées; au sieur Saint-Martin Cordier, son avocat au conseil, la somme de trois mille livre (3.000 l.) une fois payées; au sieur de Lacava, son procureur au Parlement, la somme de quinze mille livres (15.000 l.) une fois payées; au sieur de

Berthaudy, agent de ses affaires en la haute Guyenne et pays de Foix, trois mille livres (3.000 l.) une fois payées; à Vignal l'aîné, receveur de Benauges, deux mille livres (2.000 l.) une fois payées; à Dumas et à Chiron, agents de ses affaires, à Paris, chacun deux mille livres (4.000 l.) une fois payées; aux pages qui se trouvent à son service au jour de son décès, à chacun cinq cents livres (2.000 l.) une fois payées; à Bridou, son maître d'hôtel, six mille livres (6.000 l.) une fois payées; à son argentier, trois mille livres (3.000 l.) une fois payées; à Bouin, capitaine des chasses de Monfort, deux mille livres (2.000 l.) une fois payées; à Drouillet, son premier valet de chambre, six mille livres (6.000 l.) une fois payées; à Lacaze, son valet de chambre et concierge de son hôtel, quatre mille livres (4.000 l.) une fois payées; à Louvent, autre valet de chambre, trois mille livres (3.000 l.) une fois payées; à Pigassa, autre valet de chambre, deux mille livres (2.000 l.) une fois payées; à Mélisson, valet garde robe, mille livres (1.000 l.) une fois payées; à Beséchen, tapissier, quinze cents livres (1,500 l.) une fois payées; à Pellon, maître de sa musique, mille livres (1.000 l.) une fois payées; à chacun de ses musiciens, cent cinquante livres une fois payées; à chacun des deux trompettes, six cents livres (1.200 l.) une fois payées; à la concierge des écuries, mille livres (1.000 l.) une fois payées; à Loran, cocher, mille livres (1.000 l.) une fois payées; à Imbert, aussi cocher, cinq cents livres (500 l.) une fois payées; aux deux porte-chaises, chacun deux cents livres (400 l.) une fois payées; au chef de la semouillerie, quatre mille livres (4.000 l.) une fois payées; à son aide, deux cents livres (200 l.) une fois payées; au chef de la fruiterie, six cents livres (600 l.) une fois payées; au garde vaisselle, cinq cents livres (500 l.) une fois payées; aux galopins et garçons de cuisine, cent livres (100 l.) une fois payées; aux portefaix, trois cents livres (300 l.) une fois payées; au capitaine des mulets cinq cents livres (500 l.) une fois payées, et outre ce ledit testateur luy a donné et légué les mulets qui se trouveront au jour de son décès lui appartenir; au maître palefrenier, trois cents livres (300 l.) une fois payées, et à chacun des valets de pied, trois cents livrrs (300 l.) une fois payées, et a, ledit seigneur, déclaré que son intention est que les legs par luy faits à ceux de ses domestiques qui ont gages et appointements leur soient payés et délivrés outre et pardessus ce qui se trouvera leur être deu desdits gages et appointements au jour de son décès.

Item, ledit seigneur testateur a donné et légué à Louis de La Valette, son neveu, fils de Jean-Louis de La Valette, frère naturel dudit seigneur testateur, *la maison, terre et seigneurie de Caulmont*, ses appartenances et dépendances, immunités avec tous les meubles qui se trouveront dans ladite maison et château au jour du décès dudit testateur, et outre, lui donne et lègue le marquisat de La Valette et les terres et seigneuries de Pompiac et Andoufielle, avec toutes leurs appartenances, dépendances et immunités, sans aucune chose ni réserve et pour en jouir et les posséder par ledit Louis de La Valette en tous droits de propriété et seigneurie et, outre ce, ledit seigneur testateur donne et lègue audit Louis de La Valette, son neveu, la somme de cent mille livres tournois (100.000 l.), une fois payées, payables dans un an du jour du décès dudit testateur, et faute de payer ladite somme principale, ledit temps échu, les intérêts d'ycelle en seront payés audit Louis de La Valette, à raison du denier vingt.

Item, donne et lègue ledit seigneur testateur à dame Marie-Claire de Beauffremont, veuve de feu messire Baptiste-Gaston de Foix, vivant, comte de Foix, la somme de trois cent mille livres mentionnées dans le contrat de mariage des feus seigneur et dame, père et mère dudit seigneur testateur; déclare propre aux héritiers du côté et ligne dudit deffunt seigneur, père dudit testateur, donne et lègue à ladite dame Marie-Claire de Beauffremont le surplus de tous ses biens consistant en meubles, or et argent monnayés et monnaies, joyaux et pierreries qui se trouveront au jour de son décès, titres, tableaux, tapisseries, bestiaux, dettes, archives, cédules, obligations et autres effets mobiliaires, droits, noms, raisons et actions, résidentes et résitoires et, généralement, tout ce qui est censé et réputé de nature de meubles qui se trouveront en toutes les terres et seigneuries, maison et château appartenant audit seigneur testateur ou ailleurs, au jour de son décès, en quelque lieu et province qu'ils puissent être situés, et encore donne et lègue ledit seigneur testateur à ladite dame Marie-Claire de Beauffremont tous ses biens et immeubles, duchéz, comtés, marquisat, baronnies, terres et seigneuries, maisons et autres domaines, possessions et rentes qui lui sont propres et dont il a libre possession et toutes leurs appartenances, dépendances et immunités en toutes lesquelles choses en tant que de besoin est ou serait, il l'institue son héritière, le tout suivant et conformément à ce que le droit écrit, les usages et les coutumes de la situation des lieux, terres et seigneuries lui en permettent et donnent la faculté d'en disposer et tester en quoi ledit seigneur la fait et nomme sa légataire universelle et pour le regard des autres de ses biens et domaines dont il n'a pas la liberté de disposer et qui sont réservés à ses héritiers légitimes par les lois et coutumes de leur situation, ledit seigneur testateur les donne et laisse à sesdits héritiers légitimes pour être partagés entre eux suivant la coutume de leur situation et en elles institue ses héritiers.

En considération des services importants que Monsieur de la Reynie a rendus audit seigneur testateur, iceluy seigneur testateur lui a donné et légué un diamant du prix de vingt mille livres (20.000 l.), comme aussi lui a fait et fait par ces présentes don et legs de tous les billets de l'épargne qu'il a plû au Roy d'accorder audit seigneur testateur pour les arrérages de ses pensions et appointements et, outre, ledit seigneur testateur a déchargé et décharge ledit sieur de La Reynie de toutes les redditions de comptes, de tout ce qu'il a pû avoir fait et géré pour ledit seigneur testateur en ses affaires, étant ledit seigneur bien assuré de sa fidélité et probité et pour ce ledit seigneur testateur défend expressément à tous ses héritiers légataires et universels d'exiger dudit sieur de La Reynie aucun autre état que celui qu'il voudra bien leur en fournir, si bon lui semble, pour instruction de tout le contenu auquel état, au cas qu'il en veuille bailler aucun, ledit seigneur testateur veut et entend que ledit sieur La Reynie en soit cru sans que pour, quelque cause ny prétexte que ce soit, il puisse être imputé ni débattu en justice, et ledit seigneur testateur a dit et déclaré que son intention est que tous les legs contenus au présent testament, qui sont payables en deniers, ne puissent être exigés dans un an, à compter du jour de son décès, et, pour exécuter le présent testament qui est la dernière volonté dudit seigneur testateur à laquelle il s'arrête, reniant toutes les autres dispositions précédentes, ledit seigneur testateur a choisi et nommé ledit sieur de La Reynie, intendant de sa maison, et le sieur Quatbain, avocat au Parlement, cy-devant nommé, lesquels il prie de vouloir prendre la peine et soins et demeurent saisis desdits biens pour l'exécution entière de ses susdites volontés.

Ceci fut fait, dicté et nommé par ledit seigneur auxdits notaires soussignés, le 18ᵉ jour de juillet et après midi, l'an 1661, à Paris, dans une des chambres de l'un des pavillons de son hôtel ayant vene sur le jardin d'iceluy. Paraphé et numéroté le 25ᵉ jour de juillet 1661.

Signé : Dombray, de Rismes; *signé* : Chissier et Chaussières, not. scellés à Cadillac, le 23 juillet 1729, par Roy.

Auch. — Imprimerie Léonce Cocharaux, rue de Lorraine.

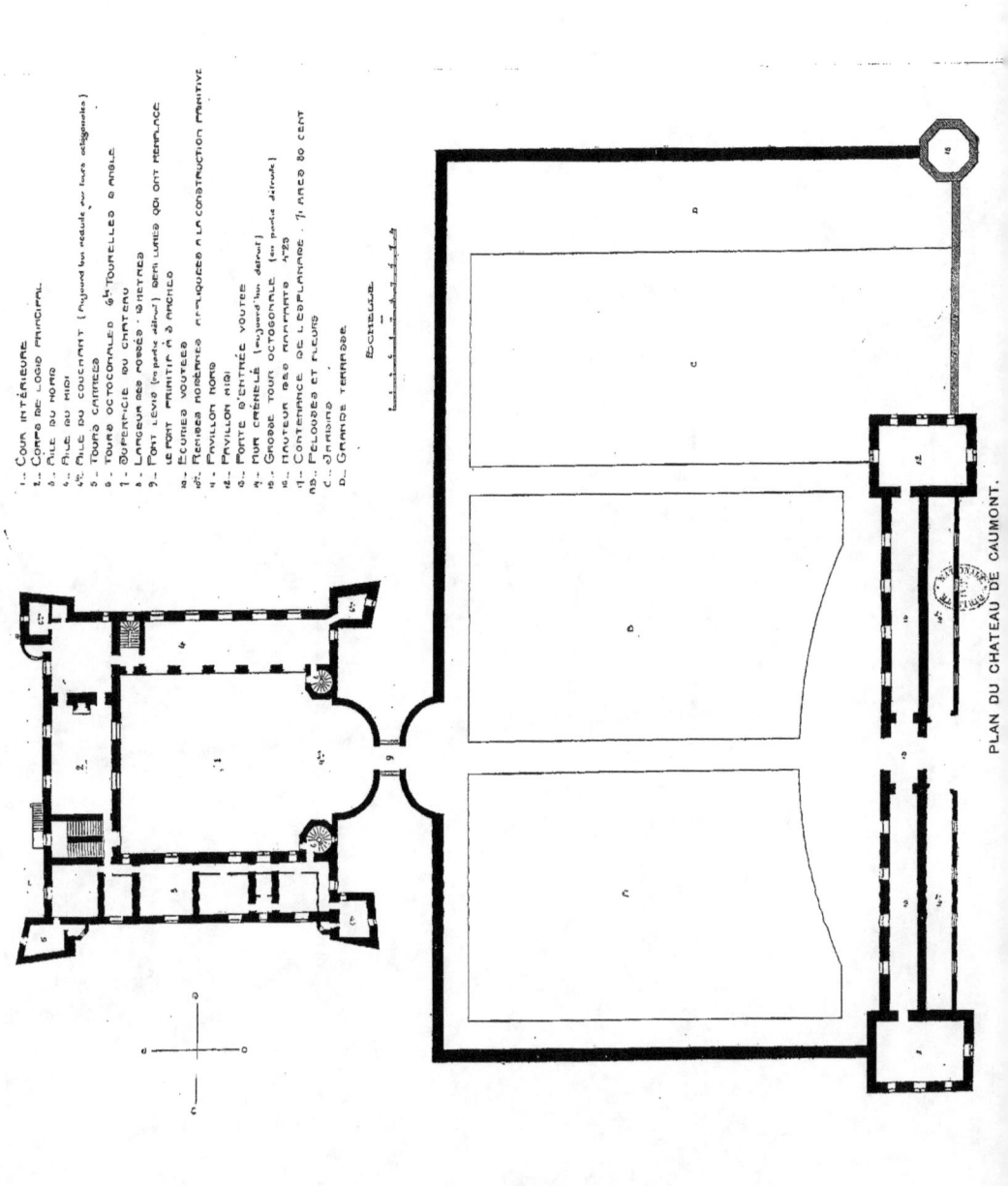

www.ingramcontent.com/pod-product-compliance
Lightning Source LLC
LaVergne TN
LVHW051459090426
835512LV00010B/2239